Un conte écrit et raconté par

Marlène Jobert

Le mystère de l'homme gorille

Pour faire aimer la musique de MOZART

Illustration : Peter's Day

Édité par :
Éditions Glénat

Services éditoriaux et commerciaux :
Éditions Glénat – 31-33, rue Ernest Renan
92130 Issy-les-Moulineaux

Conseiller artistique : Jean-Louis Couturier
Photo de couverture : Frédéric de Lafosse/Sygma
Couverture : Les Quatre Lunes

Loi n°49-956 du 16 juillet 1949 sur les
publications destinées à la jeunesse.

Imprimé en C.E.E.

Dépôt légal : 2e semestre 2000
ISBN : 2.7234.3364.1

Le Gorille

Un conte écrit et raconté par

Marlène Jobert

Le mystère de l'homme gorille

Pour faire aimer la musique de

MOZART

Illustration : Peter's Day

La valise du petit Julien était prête depuis deux heures déjà, et, en attendant que sa grand-mère vienne le chercher, il écoutait un disque.

Mais cette symphonie de Mozart ne calmait pas du tout son impatience, au contraire. Elle excitait encore plus son envie de partir en vacances. Il ne lui manquait plus que des ailes pour s'envoler !

Quand, enfin, sa grand-mère arriva, vite ils embrassèrent maman et papa, puis coururent en gloussant de joie jusqu'à la voiture.

Dès qu'ils furent sur l'autoroute, Mamie s'écria :

— En route vers le soleil !

— En route vers l'aventure ! ajouta le petit garçon en glissant le disque qu'il avait emporté dans le lecteur de la voiture.

Un peu plus tard, Julien assis à l'arrière, s'entraînait pour se distraire à faire des grimaces. Sa grand-mère souriait en le voyant dans le rétroviseur tordre sa bouche dans tous les sens, gonfler ses joues, loucher et tirer la langue. Il cherchait à se rendre le plus laid et le plus effrayant possible.

— Et celle-ci, Mamie, elle fait peur, hein ?

— Ben, pas tout à fait, t'as oublié le nez. Il faut toujours faire quelque chose avec le nez ! Regarde, vé…

Et la Mamie réussit à déformer son nez d'une manière étonnante. Julien essaya aussitôt de l'imiter.

— Boudiou ! Alors là, j'ai peur, là, mon petit Juju, tu me plais !
— Oh ! qu'il est vilain.

Ah ! Cette Mamie ! C'était une Mamie comme tous les enfants rêvent d'en avoir une. Rigolote avec son accent, généreuse, très coquette, et pour les blagues toujours prête !

Elle et Julien s'adoraient. Ils s'amusaient ensemble comme deux gamins. Tous les étés, elle l'emmenait dans le midi de la France où elle habitait, et chaque année le petit garçon attendait avec impatience le mois de juillet.

Au moment où une petite camionnette les doublait, Julien ne put résister à l'envie d'essayer sa nouvelle grimace. Le conducteur lui répondit par de grands gestes en criant quelque chose.

Mamie arrêta le disque de Mozart pour entendre ce qu'il disait, mais trop tard : il les avait déjà dépassés.

— Oh là, là, Eh ben ! Il n'a pas l'air content celui-là.

— Non mais, attends, il faut lui apprendre le sens de l'humour à ce râleur. On va le doubler et lui faire tous les deux ce qu'on a de mieux comme grimace… On va le soigner. D'accord… Prêt, Juju ?

— On y va…

Le chauffeur, un géant au teint rouge, au crâne rasé, aux muscles énormes et aux bras poilus, les regarda passer, sidéré. C'était sûrement la première fois de sa vie qu'une femme de cet âge lui faisait un coup pareil.

— Ouh… comme il est mignon, celui-là, tu ne trouves pas ?

— Un vrai gorille !

— Tu vois, mon pitchounet, lui, peuchère, il n'a pas besoin de grimace pour faire peur ! Boudiou qu'il est vilain…

Après avoir bien ri, ils roulèrent un long moment dans le calme.

Julien bâilla une fois, deux fois, trois fois, puis il se blottit contre la portière et, petit à petit, s'endormit.

Il fit un drôle de rêve… Il était au soleil et mangeait une énorme glace à la pistache. Mais il faisait chaud… si chaud que la glace fondait, fondait, fondait à toute vitesse. Et Julien s'énervait… parce qu'il n'arrivait pas à la lécher assez vite ! Elle coulait, coulait, coulait entre ses doigts. Désespéré, il pleurait de rage, quand il fut réveillé par la voix de sa Mamie.

— Oh ! Pétard ! Encore ce grand singe, je ne le crois pas !

Sur la gauche, la camionnette, en effet, était en train de les dépasser.

Le chauffeur agitait les bras comme un diable en colère.

Mamie lui répondit en tournant son doigt sur la tempe, afin de bien lui faire comprendre ce qu'elle pensait de lui.

L'homme, alors, éclata de rire. Mais ce rire n'adoucit pas du tout son visage. Au contraire ! Il le rendit encore plus effrayant. Il avait quelque chose de cruel, de menaçant, ce rire !

— Ma parole ! Mais c'est un fou évadé ! Il commence à me fatiguer, lui !

Le gorille, maintenant devant eux, fit clignoter les feux arrière de sa camionnette.

— Mais il va nous lâcher, ce fada ! grogna encore Mamie en appuyant sur l'accélérateur pour le doubler.

Au passage, Julien cria au chauffeur :

— Eh ! King-Kong ! Enlève ton masque, tu fais pas peur.

— Oh ! Toi alors, tu es bien mon petit-fils !

Un peu plus tard, Julien eut un petit besoin pressant et voulut s'arrêter quelques instants. Au premier parking, il courut donc aux toilettes, et Mamie profita de cette pause pour se détendre un peu. Mais elle eut à peine le temps d'ouvrir son journal, que déjà son petit-fils revenait. Complètement affolé, il plongea dans la voiture en hurlant :

— Fonce, Mamie, fonce ! Le gorille ! Le fou ! Le go-go-gorille fou ! Il est là ! Vite, Mamie ! Il vient de se garer, il arrive vers nous ! C'est un énorme géant, fonce, fonce.

Immédiatement, Mamie tourna la clef de contact. Mais avant que sa voiture ne démarre, ils entendirent un énorme « boum » sur la portière arrière. Le fou avait eu le temps de taper un grand coup. Les bras en l'air, il hurlait, mais Julien et sa grand-mère étaient déjà trop loin pour l'entendre.

— Eh ! bé… celui-là alors ! Il est vraiment dangereux, pour que d'innocentes petites grimaces le mettent dans cet état !

En disant cela, la voix de Mamie avait un peu tremblé. Le petit garçon s'en aperçut tout de suite et commença à s'inquiéter.

— Mamie, qu'est-ce qu'on va faire maintenant ?

La grand-mère chercha vite à le rassurer.

— Tout va bien, mon bébé ! Tout va bien, nous l'avons semé. Tiens ! J'ai un truc épatant, moi, pour oublier ce qui m'ennuie. Tu veux l'essayer ?

— C'est quoi ?

— Toi qui aimes Mozart, j'ai un morceau là, un quatuor. Une pure merveille !

— Et il fait tout oublier ?

— Oui, tout ! Magique, je te dis ! Je ne peux pas te dire mieux ! Magique !

— Je pourrais même oublier que j'ai une grosse envie de faire pipi.

J'ai pas eu le temps, tu sais...

— Mon pauvre pitchounet ! Je préfère qu'on s'arrête au prochain restauroute, cette fois. D'accord ? Tu pourras tenir jusque-là ?

Julien, en s'appuyant sur l'accoudoir de la portière, fit un petit oui avec la tête.

— Je suis prêt, vas-y pour ta musique magique.

— Il y a un passage qui me plaît drôlement ! Dis-moi comment tu le ressens, toi !

Julien adorait écouter des disques dans cette voiture. Ce n'était pas une voiture ordinaire, mais une véritable petite salle de concert. Sa grand-mère, passionnée de musique, y avait fait installer plein de haut-parleurs.

Soudain, elle souffla :

— Là, mon passage... Écoute bien, le voilà !

La superbe mélodie leur parvenait de tous les côtés, les enveloppait, les berçait, les baignait si chaudement, si délicieusement, que le génie de Mozart réussit à leur faire tout oublier.

Dans ce petit espace vitré, Julien se sentait bien, merveilleusement bien, comme un poisson dans l'eau flottant dans un aquarium roulant !

Quand tout à coup ! TUUTT.

Tous phares allumés, le gorille les doublait encore, et en leur faisant toujours les mêmes signes.

— Mais, Bonne Mère, c'est à croire qu'il ne peut plus se passer de nous, cet abruti ! Tu es bien attaché, Juju ? Je vais mettre la gomme ! Ce n'est pas avec sa casserole qu'il va nous rattraper, ce malade !

Et elle appuya à fond sur l'accélérateur.

Julien et Mamie regardaient défiler à toute allure la route, le paysage et les voitures, sans dire un mot. Ils avaient semé le gorille depuis longtemps, mais ils n'étaient pas rassurés pour autant.

— Mamie, je ne veux surtout pas t'embêter, mais le restauroute, on l'a déjà passé !

— Oh mon pauvre Juju, je roulais si vite que je l'ai raté. Oh ! Et puis j'en ai marre de cette autoroute ! On va prendre la prochaine sortie et je m'arrêterai dès que je trouverai un petit coin tranquille. D'accord ?

— D'accord, mais tu remets ta musique magique alors !...

La nuit commençait à tomber quand ils quittèrent l'autoroute.

Julien, agenouillé sur le siège, regardait par la vitre arrière.

Tout à coup, il s'écria :

— Le voilà !

— Mais qui ?

— Mais lui, le grand singe !

Mamie regarda dans son rétroviseur. Et, en effet, cette camionnette là-bas était sans aucun doute celle du gorille.

Elle vira brusquement sur la droite. Le gorille fou prit le même chemin. Dans la campagne sombre et déserte, pas la moindre maison éclairée à l'horizon, et derrière eux les phares de la camionnette les suivaient, les suivaient toujours...

Soudain, Mamie fut obligée de freiner et de s'arrêter : devant eux, un passage à niveau venait de se fermer ! Dans la nuit noire, le train siffla. Et, pendant que les wagons défilaient, Julien se glissa sur le siège avant. Mamie le serra très fort dans ses bras. Puis elle se retourna et vit le gorille fou descendre de sa camionnette…

— Mamie, tu ne trouves pas qu'il est un peu long, ce train ?

— Oh si ! On n'a pas idée de fabriquer des trains aussi longs !

— Mamie, mets vite ta musique qui fait tout oublier.

Elle lui répondit par un petit sourire crispé, elle était comme paralysée.

Arrivé près d'eux, l'homme-gorille se pencha…

Julien et Mamie voyaient ses lèvres bouger, mais le bruit du train les empêchait d'entendre ce qu'il disait. Comme ni l'un ni l'autre n'avait l'air de le comprendre, l'homme fut obligé de crier :

— N'ayez pas peur ! Si je vous cours après, c'est pas pour vous manger, c'est pour vous dire que votre portière arrière est mal fermée !

Mamie et Julien se regardèrent, ahuris… Puis ils partirent dans un fou rire… mais un fou rire… !

— Et ça vous amuse ! Mais bon sang de bon sang ! Le petit était en danger !

La grand-mère baissa sa vitre.

— Excusez-nous, Monsieur, mais nous, nous pensions que c'étaient nos grimaces qui vous avaient mis en colère !

— Vos grimaces ! Mais non ! Pas du tout. Au contraire, on s'ennuie tellement sur les autoroutes, ça distrait un peu !

Il ouvrit la portière mal fermée et la claqua bien fort.

— Voilà ! Bon, il faut que j'y aille !... J'ai encore un sacré bout de route à faire moi !

Mamie ne savait pas comment le remercier, elle lui dit seulement :

— Vous êtes vraiment très gentil, monsieur !

« Leur gorille » lui répondit par un grand sourire et sur un signe de la main il s'en alla. Mais, soudain, il se retourna et leur adressa une grimace magnifique ! Et en montant dans sa camionnette, il lança :

— Moi aussi je sais faire le clown !

Dès qu'ils se retrouvèrent seuls, Julien chuchota :

— Mamie, tu sais quoi ?

— Non, mon pitchounet, dis-moi !

— Je crois que j'ai fait pipi dans ma culotte.

Et alors là, ils recommencèrent à rire... mais à rire, comme des fous…